深見東州の言葉シリーズ

犬も歩けば棒にオシッコ

深見東州

TOSHU FUKAMI

TTJ・たちばな出版

この本をパッと開くと、
あなたに今、最も必要な
メッセージがあるでしょう。

本書は、弊社より二〇〇二年五月発行の
「The Message（ザ・メッセージ）」を、
再編集のうえ発行いたしました。

犬も歩けば棒にオシッコ

もくじ

Chapter 1 7

01 機が熟すのを待つ 8
02 幸運の星に生まれついていると信じる 10
03 あきらめたら、後がすかっと道は広いですぞ 13
04 人間は目標以上の人間にはなれない 16
05 いつもにこにこ笑っている　これが福を呼ぶ女の必須条件 19
06 切り離してクールに見たほうが、いい真心をあっさりと実行できる 22
07 物事は気楽に考えて、あっさりやって、省みない 24
08 心の底から感謝すること　これができたら運気は上がる 26
09 気になることを一たん全部すぱっと捨てる 28

Chapter 2

Chapter 2 31
10 細やかな気配りをして感動させて、出世しない人はいない 32
11 自分に注意してくれる人を探していく 35
12 笑って暮らせるような　幸せな人生が送れますように 38
13 想念転換だとか心の調整がスムーズにすっといく 41
14 夏と冬こそ、人間の充実した日々がある 44
15 尊い人格を形成せよ 47
16 小さな一歩を踏み出せば越えられる溝が、断崖絶壁の大きな谷間に見えているだけ 50
17 己の魂を救うのは己しかいない 53
18 目上のいいところだけを吸収しよう 56

Chapter 3

Chapter 3 59
19 徳高き人となれ 60
20 幸運は目に見えないものが運んでくる 62
21 文章力ができれば、もっと大物になる 65
22 すばらしき人からはみな、よきノウハウを吸収する 68
23 甲冑を脱ぎなされ 71
24 重荷もまた喜ばしき神の恵みなのじゃ 74
25 辛抱して慈しんだら、引き立ててくれるぞ 76
26 幸運でないときは　我と慢心と怠りと侮りがあるときだけだ 78
27 紆余曲折を経て初めて　これしかないという道がある 81

Chapter 4 85
28 今の環境は自分には最高だと いつも思っていたらいい 86
29 祈りの8割までが感謝だったら、いっぱい守護してやれる 88
30 不十分なまま次のステップへ 進めていいこともある 91
31 白紙でいつも人に会う 94
32 お祈りをしても通らないときにはどうするか 97
33 環境と周囲と神様のせいにしてはいかん 100
34 わが身の御魂を守る方法 102
35 火の玉のように燃えてください 105
36 七転び百起き 不死鳥のように蘇れ 108

カバーデザイン 環境デザイン研究所
本文デザイン 富田ゆうこ

Chapter 1

01 → 09

MESSAGE 01

機が熟すのを待つ

熟した柿は
ぽとんと上から落ちてくる。
自分のほうからはい上がってもぎ取ることはない。
柿が熟するまでじっくり待てない人間は、
青柿で食あたりしますぞ。

柿の下にじっと待っていたら、
やがて熟した柿が上から落ちて、
ちょうど
食べごろになっているから、
今年は待って、
柿を見て熟すのを待つ年。
焦ってはいけませんぞ。

MESSAGE 02

幸運の星に生まれついていると信じる

おもしろいように幸運が転がってくる方法を教えてやろう。
私は幸運な人生を送るために生まれてきたんだと確信することじゃ。
確信しておれば、すばらしい運をつかむひもができるんじゃ。

ひもがないところ、運をくくりつけておろすことはできん。
幸運の星に生まれついていると信じることじゃ。
一つの良いことが来たら、ますますだと思うことじゃ。
悪いことが起きたら、よくなる、
いいものが来る前兆だと信じる。

どう転んでも、それ以外のものは考えてはいかん。

MESSAGE

03

あきらめたら、後がすかっと道は広いですぞ

もういいかげん、
あきらめるものは早くあきらめたほうがよろしい。
あきらめるものは早くあきらめたほうがよろしい。
あきらめ切れないから葛藤《かっとう》と悩みが起きる。

迷いというものは、あきらめ切れないから起きるので、
あきらめたら、後がすかっと道は広いですぞ。
それから、あきらめ上手が迷いを払拭するお上手な人。

Chapter 1

MESSAGE 04

人間は
目標以上の人間にはなれない

日本一になる目標を立てたら、
日本で二番目ぐらいになる可能性がある。

日本三位の目標を立てれば、日本四位になる可能性がある。
日本百位を目指せば、日本百一位になる可能性がある。
人間は目標以上の人間にはなれないんです。
日本一を目指す、それしかない。

MESSAGE
05

いつもにこにこ笑っている
これが福を呼ぶ女の必須条件

ほほ笑みが真実なるものか、つくり笑いか。
いやいや、そんなものはどうでもいい。
とにかくほほ笑んでいたら、
人間の気分というものは上調子になっていくから、
くさっていても、嫌々でも、憎しみながらでも、

ほんとうにコンチクショウと思っていても、
いつもにこにこ笑っている。

これが福を呼ぶ女の必須条件。

悩ましいときには笑って悩んでいる。
そのうち悩みの雲がうそみたいに消えていく。
表情というものが人様の感情に影響を与える。

中身なんかどうでもいい。
いつも笑っているということが重要。

Chapter 1

MESSAGE
06

切り離してクールに見たほうが、いい真心をあっさりと実行できる

人情の機微《きび》に精通しているようで、
実は人情にとらわれている。
思い切って人情の綱を切ったほうが、
人間さっぱりとおつきあいができる場合がある。

夫婦しかり、友人しかり、
子供の教育しかり、
人情の機微というものは、
とらわれないときに限ってのみ
生きている。

切り離してクールに見たほうが、
いい真心をあっさりと
実行できるんじゃないでしょうか、
ということですね。

MESSAGE
07

物事は気楽に考えて、あっさりやって、省みない

自分で自分をしばりつけているぞ。

だれもしばりつけていない。

自分で自分をしばりつけている。

物事は気楽に考えて、
あっさりいって、
あっさりやって、
省《かえり》みない。

こうするとしばられている
ひもが取れるぞ、
霊体から。
がんじがらめになっている。

MESSAGE
08

心の底から感謝すること
これができたら運気は上がる

心の底から何を感謝しているのか。

心の底から感謝をしている自分が確立すると、
運気は拡大するが、

いつもどこかに不満があって、
強引に頭で感謝している。
心の底から感謝すること。
これができたら、運気は上がる。
それを探しなさい。

MESSAGE
09

気になることを一たん全部すぱっと捨てる

無用のことばかり悩んで葛藤しているね。
必要なことを見ていこうと思ったら、無用なことを見ない努力、
何が必要なことかわからなくなったら、
とりあえず今考えていることは無用だと思えばいい。
何も考えない。

フッと出てくるのが守護霊の導き。
気になることを一たん全部捨ててしまわないと、
天来のものがやってこない。
そうして得た大事なものを大切にしていって、途中見えなくなるのは、
余計なことをああだこうだと思う雲が出て、
本質と先が見えなくなるからだ。
気になることを一たん全部すぱっと捨てる。
またはっと大切なものが浮かんでくる。
こうしていつも中心を見ていく努力をしていくと、
己を見失わなくて済む。
いつもわからなくなるのはこのサイクルの繰り返し。
そういう意味で、今年はそういうものの動きの中から、
揺れ動かない自分への超え方というものを

勉強しましょう、
ということです。

Chapter 2

10 → 18

MESSAGE 10

細やかな気配りをして感動させて、出世しない人はいない

おもしろいことを言って笑わせて、
丁寧な手紙を書いて感動させて、
ぴしっとマナーをわきまえて
「うーん」とうなずかせて、
細やかな気配りをして感動させて、

出世しない人はいない。

それが足りないから
頭打ちしているだけのこと。

運でもなければ、環境でもなければ、めぐり合わせでもない。
守護神や守護霊や神様を祈っていても、
そこに厳しい目を持たなければ、
神様も守護霊も応援してくれませんよ。
応援はしているけれども、まだ腕組みして降りていない、
ということです。

MESSAGE 11

自分に注意してくれる人を探していく

注意してくれる人がいる間はいいけれども、
注意してくれる人がいなくなったら、
せいせいするんじゃない。
魂は非常に寂しい。

またもや自分に注意してくれる人を探していくということが、
求道心《ぐどうしん》の始まりだ。
そういう人がいなければ、守護霊も御心を伝え、
君を練磨することができない。

それをいつも探しなさい。

MESSAGE
12

笑って暮らせるような幸せな人生が送れますように

笑って暮らせるようにすれば、
笑って暮らせるような身分にしてやるぞ。
悲しんで暮らしていると、
笑って暮らせるような身分なのに、雲が差す。

毎日笑って暮らせるような幸せな人生が送れますようにと願えば、
そうしてやる。
そのままありのままが神様で、そのままありのままがすばらしければ、
道はおのずから広まる。
大きな願いを持ち、祈るのはいいが、
己をしばりつけることにならんように。
よろしい、よろしい。ほら、肩の荷がおりた。

MESSAGE 13

想念転換だとか心の調整が
スムーズにすっといく

生け花を試みて、いつも部屋は花づくし。
花には妖精がいるから、
知らないうちに自分の御魂《みたま》が引っ張り出される。
次に香水を研究して、
いつもいい香りで自分のいる霊界をつくる。

次に衣類、敷物、食器。
気品あって明るくて、そして渋いものは渋い。
こういう環境をつくると、
目で見たり、あるいは感じたりするものが、
いつもいい霊界を形成することになる。
そうすると、想念転換《そうねんてんかん》だとか心というものを
ああでもないこうでもないと訓練する修業が、
スムーズにすっといく。

この努力を一日も絶やすことなくしたときには、
女として女性として最高の栄誉がくだる。
神仙の道もその中におのずからありますから、努力を絶やさないこと。

Chapter 2

MESSAGE 14

夏と冬こそ、人間の充実した日々がある

春があったら、夏が来て、秋が来る。
春の後すぐ秋を求めているから、夏場の盛り上がりが足りない。
秋の後には冬があって春が来るのに、
すぐ春を求めようとする。

君の中には春と秋しかない。
夏と冬こそ、人間の充実した日々がある。
焦りは禁物、暑いのも寒いのも風情がある。
これがゆとりというものだ。

それができて初めて人間は大成する。

12

MESSAGE
15

尊い人格を形成せよ

尊い人格を形成せよ

尊い人格とは、尊い書物ではなく、尊い人とおつき合いできるような礼節を踏まえた言葉、おもてなし、文章、

自分よりも尊い人といつもおつき合いできるような礼節、
そういうものを長上《ちょうじょう》の人から伺って勉強しよう。

学ぼうと思えば、よき導き手が出てくる。

そうじゃなければ、運勢はこれ以上は開かない。

MESSAGE 16

小さな一歩を踏み出せば越えられる溝が、断崖絶壁の大きな谷間に見えているだけ

死んでいいと思ったときには、人間はものすごいばか力が出る。
死ぬのが絶対に嫌だと思ったときも出る。

死というものに直面したときに、
人間の能力というものは無尽蔵《むじんぞう》に広がっていく。

小さなことでぴりぴりぴりぴりしている自分が恥ずかしいと思うなら、
それを直視してみること。
すると意外にスムーズに物事が解決される。

小さな一歩を踏み出せば越えられる溝が、
断崖絶壁《だんがいぜっぺき》の大きな谷間に見えているだけ。

越えられますから。

MESSAGE 17

己の魂を救うのは己しかいない

怒り心頭に発したときがあって、
その怒りが自分の生霊《いきりょう》となってどこかへ飛んでいっている。
その怒ったときの自分が般若《はんにゃ》の顔をした自分になって、
情緒を不安定にしている。

だれでもそういうことはあるでしょうが、
己の魂を救うのは己しかいないから、
そのときのことの記憶をたどって、
相手の幸せを祈ってあげるような心と感謝の心を持ち直せば、
般若が仏様の顔に変わって、霊的に内的に穏やかに回復するでしょう。

そのときの自分をいかに回復するかによって、
幸運が10倍になるか、10分の1になるかが決まる。

それを直しましょう、2、3あるはず。

Chapter 2

MESSAGE
18

目上のいいところだけを吸収しよう

「もうちょっと優しく言ったってわかるのに、
そんなにがみがみ言うことないじゃないの」
と上司に不満が多いと、上司も何だこいつはと思ってますます言う。
思いどおりにいく上司なんて世の中に一人もいませんよ。
給料とは何か。汗水たらして、おもしろくなかった分がお金になっている。

ボーナスとは何か。一層おもしろくなかった分がお金になっている。
同じ生きるなら、それが上司の喜びなんだから、そんなことはもう見ないで、
目上のいいところだけを吸収しようという気持ちで、
打たれても、揺さぶられても見ていると、
「かわいい子だな、この子は」と思って、

あまり仕事をしていないのにボーナスも増える。
何も大したことをしていないのにかわいがられて出世したり、
給料も増えて、机もいいものを買ってくれたり、
食事にも連れていってくれる。お婿さんまで見つけてくれる。
人間は感情があるから、
思いどおりに理想の上司なんか世の中にも宇宙空間にも一人もいないから、
目上のいいところだけを学ばせていただこうという、
うぶでかわいい心を、どんなことを言われても、
どんなことがあっても崩さなければ、その人間が勝利する。
中途半端に年をとってとうが立ってくると、それができなくなってしまう。
目と批判の尺度だけは立派になっていくから、それがとうという。
だから今言ったようにすれば、結局は目上も喜び、自分も幸せだ。
それしかない、女の開運は。そういうことです。

Chapter 3

19 → 27

MESSAGE 19

徳高き人となれ

徳高き人となれ、徳高き人となれ。

徳高き人は、
愛想よくて、お世辞も言えて、
嫌なことでも引き受けて、
そして愚痴《ぐち》らない。

愚痴るぐらいなら初めから引き受けない、
これがポイント。

MESSAGE 20

幸運は目に見えないものが運んでくる

頭が下がりますと言われるほどの
努力と辛抱をしていけば、
ほんとうに神様の功徳《くどく》が下がってくる。

人間を見たらばからしいが、

神様や守護霊や先祖は見ておりますから、
これを見れば忍耐も辛抱もばからしくない。
幸運はそういう目に見えないものが運んでくるから、
現実をあまり直視してはなりませんぞ。

MESSAGE
21

文章力ができれば、もっと大物になる

申し分ないが、文章力が弱い。

文章力ができれば、もっと大物になる。

文章、手紙から始めて論述に向かい、

書の書き方の技術というところまで勉強していけば、

もっともっと10倍大物になる。
これが行き詰っている能力の壁だ。

1857
BERTAN

MESSAGE
22

すばらしき人からはみな、よきノウハウを吸収する

いろいろな人と出会っても、出会っただけでは意味がない。
これはという人とは深く、これはという人とはあっさりと。
すばらしき人からはみな、よきノウハウを吸収する。

そうして一人ひとりの出会いの縁というものが、

神なるもののお導きと、
神なるものの教えに変わっていく。

いろいろな人と会って、楽しんで、
それなりに勉強するというレベルでは、
神の道を深く勉強しているとは言えん。
何人も逸材を見逃してしまっているぞ。

必ずいい人とは末永くつきあっていく、努力が要る、
それから運が開く。

MESSAGE 23

甲冑を脱ぎなされ

甲冑《かっちゅう》を脱ぎなされ。
よろい、かぶとを持っていると、
女の子は遠のく、男の子は儀式張る、
守護霊もいこじになる。

甲冑と衣を脱ぎなされ。
なぜ甲冑と衣を着ているかというと、素肌を見せたくないからだ。
ありのままの自分の気持ちを素直に言える。
欠点も長所もいいなと思ったことも素直に言える。
甲冑と衣を脱いだら、天真爛漫《てんしんらんまん》な童子が出てくるぞ。
これが奇魂《くしみたま》だ。

どこから甲冑と衣を着るようになったのか、
ずっと自分の人生を省みて、初めの一歩があるから、
初めの一歩に気がついたら、変えられるぞ。

Chapter 3

MESSAGE 24

重荷もまた喜ばしき神の恵みなのじゃ

借金があるから事業というものに励みができるように、
人間は業《ごう》があるから精進努力ができる。

気安くルンルンランランと過ごす人はいいようじゃが、
重荷をしょっている人間のほうが大成するぞ。

重荷もまた喜ばしき神の恵みなのじゃ。

MESSAGE
25

辛抱して慈しんだら、引き立ててくれるぞ

ドクダミを飲んだら苦いじゃろ。
苦いものがお薬だ。
健康を維持しようと思ったらドクダミを飲むんだ。

嫌なこと、つらいこと、
つき合いたくないような上司、先輩、親、兄弟、親戚、

これを飲むんだ。

飲んで、苦いけれども、辛抱して慈《いつく》しんだら、引き立ててくれるぞ。

人の引き立てなくして、

どうしてこの世で己を幸せにすることができるんじゃ。

ドクダミを飲め、ドクダミを。

MESSAGE 26

幸運でないときは我と慢心と怠りと侮りがあるときだけだ

春から縁起のいいことがどんどん続く。
秋からはちょっと沈みがち。
年中沈まないようにするのにはどうしたらいいかというと、
すべては幸運のレールが敷かれていて、
私は幸運の道を歩んでいると信ずること。

幸運でないときは我《が》と慢心と怠りと侮りがあるときだけだと、
それだけ見ていたら、
すべての物事というものは躊躇《ちゅうちょ》なく幸運に前進していると考えられる。

真に守護されている人間はそういうふうになる。

春から調子がいいからといって、
侮りがあるから、秋にすこんと落ちる。

年中前向き、大丈夫、大丈夫。

MESSAGE 27

紆余曲折を経て初めてこれしかないという道がある

色とりどりの人生が未来に待っているようだけれども、大体は一本の道を貫こうとして自分自身は生まれてきている。だから守護霊さんもそれを導こうと思って導いておられる。

一本の道とは何か。

だれでもその道へと近道したいけれども、
紆《う》余《よ》曲折《きょくせつ》を経て初めて
これしかないという道がある。
だから、紆余曲折を通っていくということを逃げないこと。
いろいろ紆余曲折を経て、これと思ったものはもう迷いがないから。
そう思って人生を送っていけば、いくつもの大きな花が咲きますよ。
そうやって紆余曲折を終わるときに、
これも一本の道に絞られて道に行くまでの、
プロセスなのだと信じて生きることです。

目標は早く定めたほうがいいが、
紆余曲折を嫌って、中途半端なまま早く定めた人は、
迷いが起きてしまって、途中で魔が入り徹底できないこともあります。

Chapter 3

それが大きく大輪の花を咲かせるコツだから、
紆余曲折を避けず、
一本の道に行くことを信じてしっかり頑張ってください。

Chapter 4

28 → 36

MESSAGE 28

今の環境は自分には最高だといつも思っていたらいい

環境を支配する人間になりなされ。

今の環境は自分には最高だといつも思っていたらいい。

これ以上の環境はないと思っていたらいい。

そうしたら
環境を支配することが
できるから、
雄々しい人になれるぞ。
環境を辛抱するんじゃない、
支配する。

MESSAGE 29

祈りの8割までが感謝だったら、いっぱい守護してやれる

祈り方がまずいからわしらは守護せんのじゃ。
祈りの8割までが感謝だったら
いっぱい守護してやれるんだけれども、
願いばかり多過ぎてわしらも
分裂気味じゃ。

８割までが感謝であれば守るんだけれども。
それに２つぐらいまでの願いなら守るんだけれども、
多過ぎてどれを守っていいかわからないから
守れないんじゃ。

MESSAGE 30

不十分なまま次のステップへ進めていいこともある

企んでおることはほどほどの成果しか上がらんが、
欲望をあまりかけないように。

一つのことが済んだら、
そのステップとして次にまたやってきて、

次のことを越えたら、
それがステップになってまた次のことがやってきて、
人間というものは永遠に次のことがやってくるから、
一つのものを到達して終わりではないから、
不十分なものが次へのつなぎができてよろしいということもある。

気持ちをはやり過ぎて、焦らないように。

MESSAGE
31

白紙で
いつも人に会う

白い布には赤が映えるわけなんですが、
赤い布にはなかなか金か黒かの色の合わせ方が難しくなる。
いつも白い布でいると、どんな色もきれいに映えますね。

人間関係もあまり初めから予見と偏見《へんけん》と、

こういうものだろうと思って見ないで、
白紙でいつも人に会う。
そうすると、どんな色の人とでもおつき合いができる。
それだけ、自分がいつも白でいるということは難しいことです。
しかし、その難しいことをする努力に神なるものが働いて、
今までの自分の人生になかった人間関係ができる。
十二分に自分というものを見て、相手も見て選んでいきなさい。

白紙で見たら全部見えてくる。

わからなくなるときには自分が白紙じゃないからです。

MESSAGE 32

お祈りをしても通らないときにはどうするか

お祈りをしても
通らないときにはどうするか。
執着心《しゅうちゃくしん》がなかったかまず省みる。

次、精進努力を約束しないのにかなえてくれるわけはないよね、

と反省する。

3番目、いいことは
後からやってくるのに違いないからと思って、
ほくほくほくほくして待っている。
そこに、不安感と疑いと迷いと葛藤があれば、
神様のほうに投げたひもが切れてしまう。

そういう人生観とそういう気持ちを常に持っていたら、
守護霊を綱で引っ張ったようなものだから、
3ヶ月以内にきっと答えが返ってくる。
それがまだよくできていないから、そのことができれば大丈夫。

Chapter 4

MESSAGE
33

環境と周囲と神様のせいにしてはいかん

信念不動のところに神来たり、
信念あやふやなるところに邪霊が来たり。

信念不動なれば、
一切の困難は超えられるものを、
自分がふらふらしているのを棚に上げて、

環境と周囲と神様のせいにしてはいかん。
頑張らなきゃいけません、
しっかりと。

MESSAGE 34

わが身の御魂を守る方法

殴っても、蹴っても、谷底へ投げ込んでも、
傷一つ負わない人間はどんな人間だと思うか。
神様に殴られた、守護霊さまに蹴られた、
ゼウス様や、天《あめ》之《の》御《み》中主《なかぬし》さんに谷底に落とされたと思う人間は、
谷底に落ちても傷つかないし、

殴られましても傷にならない。
非常に足腰が鍛えられまして、
たくましい人間になる。
それを人間に殴られた、人間に蹴られた、
人間に落とされたと思うから
全部傷になる。
これしか、わが身の御魂を守る方法はない。

それに類したようなことが、人生に何度かあるかもしれないけれども、
五十になったら、それがあなたのすばらしい魅力になっている。

そういう環境、人間関係を避けないこと。

MESSAGE 35

火の玉のように燃えてください

死んでいいと思って生きているんだけれども、
虚無感《きょむかん》で死んでいいんじゃなくて、
もう積極的に前向きに努力して、
例えば死んでもいいんだというぐらいの
死んでいいというものは陽の死んでいい。

今の死んでいいは陰の死んでいい。
寂しい心根を激しい熱情のほとばしり出るような人間を目標にし、
イメージしていけば、困難もないし、葛藤もない。
ただただ火の塊のようなものがうわっと、
一瞬の星のまばたきのようにきらっと光って終わっていく。
70年であれ、80年であれ、

人生は宇宙の星の寿命から見れば短いものだ。
そういう透徹《とうてつ》した人生観と信仰心を持てば、揺れ動くことはない。
火の玉がすい星のように70年、80年、きらっと光って死んでいく。
それでいいんだ。
火の玉のように燃えてください。
それが信仰心を確立したということだ、あなたの場合は。

Chapter 4

MESSAGE
36

七転び百起き
不死鳥のように蘇れ

死んでも蘇《よみがえ》る男性になれ。

死んでも蘇る男性とはどんな男性か。

相手も恨まず、己も恨まず、どんなことがあっても悔やまないで、よくなることしか考えていない人間。不死鳥のように蘇ってきますよ。

山坂はだれにでもある。その蘇りができない人が魂が弱い人間。

七転び八起きというけれども、七転び百起き。
それで世の中で怖いものはないから、
私は死んでも蘇る男だと信じていたらいい。
それぐらいの気持ちにならないと、大神霊は動かないですから、
しっかりと己の中身の度胸を据えることです。
どんなに大神霊が守護していても、
受けるだけの器じゃなければだめです。
死んでも蘇る男になれ、このモットーで蘇られますよ。
それにはまず、そういうふうな人の歴史を見たらいい、人物評伝を。
歴史上には、現実にそういうふうなことをしてきた人は
いっぱいいるからね。
人にできてあなたにできないことはないから、
しっかりとそこを勉強して、知識を持っておかないと、

人ってわからないからね。
やはり、規範となるテキストがいるのです。
そういう人の歴史だけを見て、それでなかった人の歴史は見ない。
そうして、自分を死んでも蘇る男性に改造するのです。

Chapter 4

深見東州氏の活動についてのお問い合わせは、下記までお願いいたします。
また、無料パンフレット（郵送料も無料）が請求できます。ご利用ください。

お問い合わせ　フリーダイヤル
0120-507-837

◎ワールドメイト

東京本部	TEL 03-3247-6781
関西本部	TEL 0797-31-5662
札幌	TEL 011-864-9522
仙台	TEL 022-722-8671
東京（新宿）	TEL 03-5321-6861
名古屋	TEL 052-973-9078
岐阜	TEL 058-212-3061
大阪（心斎橋）	TEL 06-6241-8113
大阪（森の宮）	TEL 06-6966-9818
高松	TEL 087-831-4131
福岡	TEL 092-474-0208

◎ホームページ
https://www.worldmate.or.jp

深見東州
(ふかみ とうしゅう)
プロフィール

本名、半田晴久。別名 戸渡阿見《ととあみ》。1951年に、甲子園球場近くで生まれる。㈱菱法律・経済・政治研究所所長。宗教法人ワールドメイト責任役員代表。

著作は、191万部を突破した『強運』をはじめ、ビジネス書や画集、文芸書やネアカ・スピリチュアル本を含め、320冊を越える。CDは112本、DVDは45本、書画は3546点。テレビやラジオの、コメンテーターとしても知られる。

その他、スポーツ、芸術、福祉、宗教、文芸、経営、教育、サミット開催など、活動は多岐にわたる。それで、「現代のルネッサンスマン」と呼ばれる。しかし、これらの活動目的は、「人々を幸せにし、より良くし、社会をより良くする」ことである。それ以外になく、それを死ぬまで続けるだけである。

海外では、「相撲以外は何でもできる日本人」と、紹介される事がある。しかし、本人は「明るく、楽しく、面白い日本人」でいいと思っている。

(2023年10月現在)

深見東州の言葉シリーズ
犬も歩けば棒にオシッコ

2016年11月30日　初版第一刷発行
2024年 3 月10日　初版第八刷発行

著　者　深見東州
発行人　杉田百帆
発行所　株式会社　TTJ・たちばな出版
〒167-0053
東京都杉並区西荻南2丁目20番9号たちばな出版ビル
電話　03-5941-2341（代）
FAX　03-5941-2348
ホームページ https://www.tachibana-inc.co.jp/
印刷・製本　萩原印刷株式会社

ISBN978-4-8133-2587-1